INVENTAIRE

X30,259

X

I0122574

X

NOUVEAUX

TABLEAUX

DE LECTURE,

COURONNÉS, REVUS ET ADOPTÉS
PAR LA SOCIÉTÉ POUR L'INSTRUCTION ÉLÉMENTAIRE,

Par M. A. PEIGNÉ.

MANUEL

A L'USAGE DES ÉLÈVES.

ÉVREUX,

CORNEMILLOT, LIBRAIRE,

Successeur de Verney,

PRÈS LE PONT SAINT-THOMAS.

1849

ÉVREUX , LOUIS TAVERNIER ET Cie, IMPRIMEUR.

SONS SIMPLES MONOGRAMMES.

LETTRES.

a e é è i o u

A E É È I O U

â ê î ô û

---

a i o è u a e

u ê a o é i û

e u o î a è ô

---

a e é è i o u

â ê î ô û

ARTICULATIONS SIMPLES *MONOGRAMMES.*

LETTRES.

b p d t v f g c

B P D T V F G C

z s j l m n r h

Z S J L M N R H

t g r b m f d s

n j z p v r h c

l s b e m l n f

a b c d e é è f

g h i j l m n o

p r s t u v z .

ARTICULATIONS et SONS MONOGRAMMES.

SYLLABES.

b	ab	eb	éb	èb	ib	ob	u
d	ad	ed	éd	èd	id	od	u
g	a	»	é»	è»	ig	og	u
v	av	ev	év	èv	iv	ov	u
z	az	ez	éz	èz	iz	oz	u
l	al	el	él	èl	il	ol	u
m	am	em	ém	èm	im	om	u
j	aj	ej	éj	èj	ij	oj	u

pa	pe	pé	pè	pi	po	pu
ta	te	té	tè	ti	to	tu
ca	»	»	»	»	co	cu
fa	fe	fé	fè	fi	fo	fu
sa	se	sé	sè	si	so	su
na	ne	né	nè	ni	no	nu
ra	re	ré	rè	ri	ro	ru
ja	je	jé	jè	ji	jo	ju

ARTICULATIONS *et* SONS *MONOGRAMMES.*

MOTS.

â ne	é pi	ma ri	té te	bo bi ne	lé gu me
bê te	fa de	mè re	té tu	ca ba ne	mi nu te
ca fé	fê te	mi di	vi de	ca na pé	o li ve
cò té	fi le	na pe	zè le	do mi nò	o pé ra
cu re	ga ze	pa pa	zé ro	du re té	pè lo te
da me	î le	pè re	a bî me	é cò le	re mè de
dé fi	ju pe	pi pe	a bo li	é pi ne	sà la de
dî né	li re	râ pe	a do ré	fi gu re	vé ri té
du pe	lu ne	rò ti	a va re	ga ba re	vo lu me

ami	gala	rame	alcòve	famine	parade
cave	joli	rave	arête	férule	pilote
curé	lame	réve	badine	galère	pureté
date	lime	rire	capote	jujube	savate
déjà	mine	sofa	défilé	levure	sébile
demi	mode	tôle	écume	madame	tulipe
écu	pari	uni	élève	mérite	utile
été	pavé	vêtu	étape	nature	vanité
fève	pilé	zélé	étude	nudité	vipère

SONS et ARTICULATIONS *MONOGRAMMES.*

PHRASES.

Le dî né, la sa la des, le rô ti, du pâ té, du ca fé, u ne li me, le re mè de, la fi gu re, ma mè re, l'a mi, la tê te.

Le jo li ca ni pé, la ro be de ga ze, la ca ba ne so li dé, u ne fi gu re ri di cu le, l'é tu de u ti le, l'a mi fi dè le, le re mè de du ma la de, la fê te de pa pa, la ra re té de la fa ri ne, l'é lè ve pu ni.

L'é tu de se ra u ti le, la ca ba ne a é té so li de, il a bu du ca fé, l'é lè ve se ra pu ni, A dè le di ra la vé ri té, E mi le i ra à l'é co le, ta mè re te pu ni ra, é vi te la co lè re, pa pa fu me sa pi pe, Zo é a sa li sa ro be, Jé rô me a u ne fi gu re ri di cu le.

Le pari, la dame, une fève, la pelote, une jupe, la capote, le défi, une bobine, la mode, une lame, la cave, le lé-gume.

Le navire égaré, le joli domino, la solidité de la cabane, le père adoré, l'utilité de l'é-tude, la fidélité de l'ami, la pureté de l'âme, papa a été fêté, la farine sera rare, le dîné de l'élève, la rame du pilote, une robe de gaze.

Va à la cave. J'adore ma mère. Le pilote a jeté le navire à la côte. Papa a bu du café. Ma mère a été malade. Emile a ri à l'école; il a été puni. Caroline a jeté sa pelote à la tête d'Adèle : sa mère la pu-nira. Il dira la vérité. Une sérénade a fini la fête de ma mère. Papa a tenu parole.

SONS *et* ARTICULATIONS *MONOGRAMMES.*

SYLLABES.

ab	ac	ad	af	al	ar	as
ib	ic	id	if	il	ir	is
ob	oc	od	of	ol	or	os
ub	uc	ud	uf	ul	ur	us

ab	ac	ad	af	al	ar	as
ib	ic	id	if	il	ir	is
ob	oc	od	of	ol	or	os
ub	uc	ud	uf	ul	ur	us

or	ib	us	ac	ur	od	of
uf	ar	ol	ir	af	ub	ad
al	ud	ic	os	il	as	uc
if	oc	ab	ul	is	ob	id

ARTICULATIONS *SIMPLES* et SONS *ARTICULÉS*.

SYLLABES.

b ac	b al	b ar	b if	b il	b ir	b ol	b or	b ul	b ur
d ac	d al	d ar	d if	d il	d ir	d ol	d or	d ul	d ur
g ac	g al	g ar	»	»	»	g ol	g or	g ul	g ur
v ac	v al	v ar	v if	v il	v ir	v ol	v or	v ul	v ur
z ac	z al	z ar	z if	z il	z ir	z ol	z or	z ul	z ur
l ac	l al	l ar	l if	l il	l ir	l ol	l or	l ul	l ur
m ac	m al	m ar	m if	m il	m ir	m ol	m or	m ul	m ur
j ac	j al	j ar	j if	j il	j ir	j ol	j or	j ul	j ur

pac	pal	par	pif	pil	pir	pol	por	pul	pur
tac	tal	tar	tif	til	tir	tol	tor	tul	tur
cac	cal	car	»	»	»	col	cor	cul	cur
fac	fal	far	fif	fil	fir	fol	for	ful	fur
sac	sal	sar	sif	sil	sir	sol	sor	sul	sur
nac	nal	nar	nif	nil	nir	nol	nor	nul	nur
rac	ral	rar	rif	ril	rir	rol	ror	rul	rur
jac	jal	jar	jif	jil	jir	jol	jor	jul	jur

2

ARTICULATIONS *SIMPLES* et SONS *SIMPLES* ARTICULÉS.

MOTS.

ac tif	fa nal	sa lir	dé gar nir	pa ra sol	ab sur di té
a zur	for me	tar tre	é nor me	par ve nir	ca rac tè re
bar be	gar de	ve nir	fa cul té	ré col te	dé fi ni tif
bé nir	lo cal	a bo lir	i nac tif	sar di ne	é car la te
bor ne	mar di	a ni mal	lé zar de	sur di té	for ma li té
cal me	mû rir	ar se nal	mar mi te	tar ti ne	gar ni tu re
car pe	por te	bor du re	mor su re	tu mul te	mar me la de
cor de	ré gal	car na val	noc tur ne	va car me	par ti cu le
dor mir	ré tif	cul bu te	ob te nir	vir gu le	u ni for me

argus	finir	sortir	démolir	parjure	carmélite
bâtir	futur	total	écarté	portatif	définitif
bocal	garnir	valse	fortune	retenir	écartelé
calcul	larme	absurde	inégal	révolte	facultatif
canal	major	amiral	libéral	sordide	mortalité
canif	métal	arsenic	murmure	survenir	nomina if
carte	normal	barbare	négatif	torsade	sarbacane
culte	partir	cocarde	nominal	torture	soporatif
égal	pénal	culture	ordinal	varlope	turpitude

ARTICULATIONS *SIMPLES* et SONS *SIMPLES* ARTICULÉS.

PHRASES.

La cor de, le ca nif, la ré col te, u ne co car- de, du mé tal, la car- pe, le ta rif, la for- tu ne, le ca nal, la por te.

L'a ni mal ré tif, le sol cul ti vé, la bar be du ca po ral, l'é cu me de la mar mi te, l'é- tu de du cal cul, le fil du ca nif, le bal pa ré, la for me du bo cal, l'a- mi sûr, la gar ni tu re de la robe, la car pe du ca- nal, la pi pe du ca po ral.

Mé dor a mor du ma tar ti ne, l'ac ti vi té mè ne à la for tu ne, Vic tor i ra à l'é co le nor ma le, le dî né va fi nir, la ré col te n'a pu mûrir, por te le ca nif à pa pa, il va par tir, l'ar se nal a été dé gar- ni, le co de pé nal pu- ni ra le vol.

Le régal, la morsure, le bocal, une larme, la culbute, de la marme- lade, une absurdité, le tumulte, dormir, par- tir, sortir.

L'âne se révolte, le sol a été cultivé, le mardi du carnaval, papa sera de garde samedi, évite le parjure, l'élève a éga- ré le canif, j'évite le tu- multe du bal, le caporal de garde a dormi sur le pavé, il patinera sur le canal, garde ta parole.

Punir le vol, polir du métal, démolir le mur, garnir une robe, bâtir une cabane, obtenir la faculté de partir, le par- jure révolte, le tumulte alarme, le bocal a une forme énorme, le ma- jor partira mardi, Mé- dor a dormi à la porte de la cabane.

SONS *et* ARTICULATIONS *SIMPLES POLYGRAMMES.*

LETTRES.

SONS.

eu ou an in ou un oi

ARTICULATIONS.

ch gn ill

---

eu ou an in on un oi
eur our » » » » oir

ch gn ill

---

in gn ou eur oi ch eu an un
eu ill an in oi gn ou ch oir
our un on eu ch in ou gn ill

SONS et ARTICULATIONS SIMPLES
POLYGRAMMES.

SYLLABES.

b eu	b eur	b ou	b our	b an	b in	b on	b un	b oi
d eu	d eur	d ou	d our	d an	d in	d on	d un	d oi
v eu	v eur	v ou	v our	v an	v in	v on	v un	v oi
»	»	g ou	g our	g an	»	g on	g un	g oi
z eu	z eur	z ou	z our	z an	z in	z on	z un	z oi
l eu	l eur	l ou	l our	l an	l in	l on	l un	l oi
ch eu	ch eur	ch ou	ch our	ch an	ch in	ch on	ch un	ch oi
gn eu	gn eur	gn ou	gn our	gn an	gn in	gn on	gn un	gn oi
ill eu	ill eur	ill ou	ill our	ill an	ill in	ill on	ill un	ill oi

peu	peur	pou	pour	pan	pin	pon	pun	poi
teu	teur	tou	tour	tan	tin	ton	tun	toi
feu	feur	fou	four	fan	fin	fon	fun	foi
»	»	cou	cour	can	»	con	cun	coi
seu	seur	sou	sour	san	sin	son	sun	soi
reu	reur	rou	rour	ran	rin	ron	run	roi
cheu	cheur	chou	chour	chan	chin	chon	chun	choi
gneu	gneur	gnou	gnour	gnan	gnin	gnon	gnun	gnoi
illeu	illeur	illou	illour	illan	illin	illon	illun	illoi

SONS et ARTICULATIONS SIMPLES POLYGRAMMES.

MOTS.

bâ ton	cha cun	gâ che	ra illeur	ba tail lon
bi jou	chan son	gou jon	ro che	char la tan
bon bon	char dan	jou jou	ro gnon	cha ton illé
bor gne	che veu	li gne	rou ille	di gni té
bou chon	chi gnon	man chon	si gne	é pa gneul
bou din	dan seur	ma man	sou pe	feu ille ton
bou illi	dé tour	mou che	ta ille	mar chan dé
bou illon	feu ille	mou choir	va che	mé da ille
bû che	fou ille	pê cheur	vi gne	sou illu re

bonté	marcheur	andouille	gardefen	ramoneur
bouche	moulin	bataillon	laboureur	rancune
caille	n	cartouche	machoire	rognure
caillou	paille	consigne	médaillon	sacoche
charbon	pignon	cornichon	moniteur	soucoupe
douleur	poche	dépouille	montagne	tenailles
fourgon	riche	épargne	ouragan	vigneron
gazon	signal	évéché	panache	volaille
louche	torchon	futaille	pantalon	volonté

SONS et ARTICULATIONS SIMPLES POLYGRAMMES.

PHRASES.

La bon té, un chou, du bon bon, un bouchon, la mar chan de, du bou illi; u ne vi gne, du char bon, un fourgon.

Un ca non fondu, un che val bor gne, le mou choir mou illé, l'o gnon gâ té, u ne futa ille vi de, un bon mar cheur, la fin du mon de, la bû che fume, le rè gne de la loi, u ne feu ille de vi gne.

Le mou choir se ra mou illé, le ma ga sin de ma tan te a é té con su mé par le feu, on a fou lé le ga zon de mon jardin, la vache ru mi ne, la vi gne cou le, on pê che à la li gne, chan te moi une chan son, on a peur de l'ou ra gan, ma man a vou lu me pu nir.

Du bouillon, le si gnal, un bataillon, la consigne le goujon, de la paille, le chignon, une soucoupe.

Le bon laboureur, une riche dépouille, une taille élégante, un pantalon neuf, un che min aligné, le jour du marché, le signal de la bataille, la li gne du pécheur, une feuille de chêne.

L'étude a un charme infini, la caille chante, le mouton bêle, le ramoneur couche sur la paille, dépêche-toi, console ta maman, la lime se rouille, la bûche fera du feu, le pèlerin jeûne, le voleur se cache, éloigne ton cheval de la vigne, la mêche fume.

ARTICULATIONS *et* SONS COMPOSÉS INSÉPARABLES.

LETTRES.

SONS.

ia ié iè io ui ieu ian ion oui oin

ARTICULATIONS.

bl br cl cr fl fr gl gr pl pr
dr tr vr st str sc scr sp spl sp

ie ié iè io ui ieu ian ion oui oin
bl br cl cr fl fr gl gr pl pr
dr tr vr st str sc scr sp spl sp

oui st ia gl br ui ié bl pr sc
cl ieu gr io scr pl ui ié st iè
sc bl dr sp ia oin pr vr io str
ian cr ps tr fl ieu spl sc gl ia

ARTICULATIONS et SONS COMPOSÉS INSÉPARABLES.

SYLLABES.

b	ia	b	ié	b	io	b	ieu	bl	ou	bl	an	bl	in	bl	on
d	ia	d	ié	d	io	d	ieu	dr	ou	dr	an	dr	in	dr	on
f	ia	f	ié	f	io	f	ieu	fl	ou	fl	an	fl	in	fl	on
p	ia	p	ié	p	io	p	ieu	pr	ou	pr	an	pr	in	pr	on
s	ia	s	ié	s	io	s	ieu	st	ou	st	an	st	in	st	on
t	ia	t	ié	t	io	t	ieu	tr	ou	tr	an	tr	in	tr	on
v	ia	v	ié	v	io	v	ieu	vr	ou	vr	an	vr	in	vr	on
z	ia	z	ié	z	io	z	ieu	gr	ou	gr	an	gr	in	gr	on

bia	bié	bio	bieu	biou	bian	bion	bui
dia	dié	dio	dieu	diou	dian	dion	dui
via	vié	vio	vieu	viou	vian	vion	vui
bla	blé	blo	bleu	blou	blan	blon	blin
cra	cré	cro	creu	crou	cran	cron	crin
fla	flé	flo	fleu	flou	flan	flon	flin
gra	gré	gro	greu	grou	gran	gron	grin
sta	sté	sto	steu	stou	stan	ston	stin

3

ARTICULATIONS et SONS COMPOSÉS INSÉPARABLES.

MOTS.

a dieu	gloi re	re coin	a mi tié	la niè re
ar bre	jui ve	sa ble	char niè re	lu miè re
biè re	jus te	stè re	con dui re	mi trail le
bran che	lè vre	su cre	dé trui re	neu viè me
bri de	li bre	sui te	droi tu re	or niè re
ca dran	mi lieu	tié deur	é preu ve	pro blè me
diè te	moi tié	ti gre	froi du re	ra ta fia
é tui	pas teur	trou pe	i vro gne	scan da le
fa ble	pi tié	vio lon	join tu re	vo liè re

avril	globe	scribe	abreuvoir	litière
blancheur	grade	stable	agrandir	marchepié
cuivre	jongleur	témoin	bistouri	ornière
déclin	liste	tiède	conduite	pituite
épieu	livre	tranche	douzième	réfléchir
fiole	marbre	tricheur	filière	salière
flûte	mastic	tuile	fleuriste	soupière
fouine	piéton	viande	friture	stature
fuite	prêtre	vitre	ignoble	tribunal

ARTICULATIONS et SONS COMPOSÉS INSÉPARABLES.

PHRASES.

L'a mi tié, un clou, de la biè re, u ne fleur, du suif, le cha grin, de la vian de, u ne bro che, du mas tic, u ne clé, du cui vre, u ne lis te, a dieu.

De la vian de cuite, le bon Dieu, du vin tiède, u ne ta ble pro pre, une fleur blan che, l'or dre pu blic, un vio lon jus te, u ne pin te de biè re, la ron deur du glo be, la moi tié de dou ze, la ta ba tiè re d'or.

A do re Dieu, cul ti ve la pro bi té, le suif ta che, la chè vre brou te, le fleu ris te plan te, la fou dre gron de, le co chon gro gne, le fri pon tri che, le pol tron a fui, l'ar bre gran di ra, prê te-moi ta plu me pour écrire u ne li gne.

Une tuile, du chan vre, une pioche, du plâ tre, un cadran, une clo che, de la lumière, la mitraille, un castor, du marbre, la rivière, une vivandière.

Une tache de suif, une tranche de bouilli, la litière du cheval, la moustache postiche, l'a pôtre de Dieu, la gloire du peuple, le cadran bleu, la fable du cas tor, un clou de cuivre, le chapitre du livre.

Adore un Dieu créa teur, admire la gran deur de son pouvoir ; préfère l'utile à l'agréa ble ; la frugalité procure une santé robuste ; re garde l'ordre admirable de la nature ; je travaille, on a doré le cadre de la gravure.

BIBLIOTHÈQUE NATIONALE R.F. IMPRIMÉS

VALEUR EXCEPTIONNELLE DE QUELQUES LETTRES.

LETTRES.

è *s'écrit* par....... e........... mor *tel*

se   par....... ce.......... for *ce*

si   par....... ci.......... dur *ci*

je   par....... ge.......... ju *ge*

ji   par....... gi.......... ré *gi* me

z   par....... s........... toi *son*

si   par....... ti.......... fac *ti* on

MOTS.

am*er*	chef	cruel	ermite	berline	perversité
pu*ce*	glace	céleri	caprice	menace	certitude
*ci*dre	ceci	citron	cécité	rétrécir	cicatrice
*ge*nou	cage	gémir	nageur	général	bagage
*gî*te	agir	girafe	giberne	régime	origine
bi*se*	rasoir	toison	cerise	ardoise	épouse
ac*ti*on	partial	ration	martial	portion	national

VALEUR EXCEPTIONNELLE *DE QUELQUES LETTRES.*

PHRASES.

U ne ber li ne, du cé le ri, du ci dre, u ne ca ge, un gi te, le gé né ral, un ra soir, la dé ser tion, u ne gi ber ne.

U ne cé ri se rou ge, u ne ac tion glo rieu se, le na geur a gi le, la bi se gla cia le, le gé né ral cru el. La ti ge de la ro se, la cloi son de la ma su re, la ci ca tri ce du gé né ral, la ver tu du juge.

Far cir u ne din de, a gir se lon la cir cons tan ce, ré gir u ne fer me, noir cir avec du ci ra ge, on blâ me u ne ac tion nui si ble, la re li gi on con so le, mer cre di on cou pe ra la toi son de ce mou ton, mer ci, l'er mi te a gé mi sur la per ver si té du siè cle.

Un citron, de la gla ce, le juge, un courti san, le genou, un er mitage, la franchise, une portion, une cica trice, ceci.

Une giberne luisante, le citron amer, une chanson nationale, une sage épouse, une ori gine douteuse, la fable de la cigale, l'éloge de la vertu, une gerbe d'or ge, une feuille de céle ri, la giberne du volti geur.

On a percé la cloi son, on a forcé la con signe, on a prononcé l'éloge de l'épouse ver tueuse, on a mesuré une pièce de toile, on a infligé une punition ri goureuse à ce voltigeur, il a déserté avec son ba gage, une action glo rieuse a valu la décora tion à ce chef intrépide.

NOUVEAUX SIGNES.

LETTRES.

e	*s'écrit* par.......	œ (o e)......	œu vre
i	par.......	y (i grec)....	my stè re
ii	par.......	y.........	noya de
s	par.......	ç..........	fa ça de
f	par.......	ph (fi)......	*ph*ra se
c	par.......	qu (cû)......	*qu*a tre
cs	par.......	x (cse)......	ma *x*i me
gz	par.......	x..........	*ex*er ci ce

MOTS.

œuf	vœu	bœuf	cœur	sœur	manœuvre
jury	tyran	martyr	système	syndic	synonyme
loyal	royal	tutoyé	bruyère	aboyeur	pitoyable
reçu	maçon	suçoir	garçon	gerçure	caleçon
phare	sphère	phénix	siphon	sphinx	épitaphe
quête	brique	évêque	banque	physique	équivoque
fixe	oxide	élixir	excuse	laxatif	axiôme
exil	exigu	exorde	exalté	exercé	exactitude

NOUVEAUX SIGNES.

PHRASES.

U ne ma nœu vre , le ty ran, la pré voyan ce, un gla çon , u ne ca tastro phe, la quê teu se , un sy stè me, u ne exécu tion, le my stè re, un bœuf, un re çu, u ne bri que.

Le ju ry é qui ta ble, u ne œu vre mys té rieuse, la ver te bruyè re , un bra ve gar çon, la quê te a bon dan te , la le çon de phy si que , l'a xe du mon de , l'exer ci ce de la lan ce, la sœur de l'or phe lin , l'é tu de de la sphè re.

On ca che un mys tère , ex er ce ta mé moire, on ad mi re un phéno mè ne, le ma la de a man gé un œuf à la coque , l'é lè ve a re çu u ne le çon de phy sique.

Le mystère, la façade, du phosphore , un quiproquo, de l'élixir, l'exercice, la pyramide, une gerçure , le blasphème , une épitaphe , l'exactitude, un axiôme, un phénix.

Un cœur agité , une action incroyable, une musique religieuse, le maçon exercé , la banque de prévoyance, un martyr de la liberté , l'exercice du polygone, la générosité du cœur, le syndic de la faillite , la façade d'un édifice.

On exige une réparation , on s'exerce à la manœuvre ; on a conçu un injuste soupçon contre moi ; pratique la maxime du sage ; l'admirable système que celui de la nature !

SIGNES ÉQUIVALENTS.

LETTRES.

è *s'écrit* par......ai.........chai ne

è par........eî........pei ne

ô par........au.......jau ne

an par........en........m en songe

an par......am, em.....am be, *empire*

in par.......im........*im* por tun

on par.......om........om bra ge

ill par......il, ll, l......ba *il*, fi *lle*, babi *l*

MOTS.

laine	maître	plaine	vinaigre	semaine	militaire
reine	seize	veine	baleine	éteignoir	enseigne
aucun	faute	pauvre	taupe	loyauté	royaume
encre	mentir	encore	pension	lenteur	entendre
ambre	bambou	tampon	temple	empêché	rempailleur
imbu	limbe	timbre	timbale	impoli	imbécile
ombre	tombe	nombre	bombe	pompe	catacombe
portail	travail	famille	pillage	péril	persil

SIGNES ÉQUIVALENTS.

PHRASES.

U ne fon tai ne , un chau dron , la rei ne , u ne en clu me , un bam bin , l'em pe reur, l'im pa tien ce , u ne pom pe , u ne bé qui lle , un gril , un por tail, u ne tim ba le , u ne tau pe.

La se mai ne pro chai ne , l'en sei gne men son gè re , un em pi re ren ver sé , u ne fa mi lle nom breu se , le sa lai re de la pei ne, la pau vre té du rem pa illeur, la pen sion de ma fi lle , le bail du lo ca tai re , la len teur de la tau pe.

On pei gne la lai ne, on a fen du le tu yau de la fon tai ne, l'au teur a ven du son ou vra ge au li brai re, le men teur se re pen ti ra, le ver ram pe , le pau vre au ra du tra vail.

Du vinaigre, un étei gnoir, du baume, l'en fance, une rampe, un timbre, une bombe, du persil, une coquille, un éventail, une embusca de, le militaire , la ba leine, un royaume.

La maison champê tre , le nombre seize , une pauvre pension , le bambou flexible , la faute du menteur, le tra vail de la famille , la chaise du rempailleur, l'importance d'une cau se, la veine de la tempe, la loyauté du militaire, le temple fréquenté.

Le maître enseigne ; on aime à dormir à l'om bre : une foule nom breuse encombre la porte du temple ; ma fille aime le travail : on a empêché le pillage ; septembre , novembre, décembre.

LETTRES NULLES. (*SONS et ARTICULATIONS.*)

LETTRES.

Sons.	Articulations médicales.	Articulations finales.
a *est* NUL *dans* pAin	c *est* NUL *dans* occu pé	c *est* NUL *dans* broc
e NUL *dans* pEin tre	f NUL *dans* aFfi che	d NUL *dans* niD
e NUL *dans* bEau té	l NUL *dans* ba Llon	g NUL *dans* sanG
e NUL *dans* fo liE	m NUL *dans* po mMe	l NUL *dans* ou tiL
u NUL *dans* lan gUe	n NUL *dans* soNneur	p NUL *dans* draP
h NUL *dans* Ha bi le	p NUL *dans* a Ppui	s NUL *dans* re poS
h NUL *dans* ca Ho té	r NUL *dans* beu Rre	t NUL *dans* sa luT
h NUL *dans* rHu me	s NUL *dans* bo sSu	x NUL *dans* prix
h NUL *dans* tHé â tre	t NUL *dans* bo Tte	nt NUL *dans* ILs ai meNT

MOTS.

ainsi	plainte	teindre	ceinture	rideau	cerceau
patrie	armée	guêpe	languir	hibou	hôtel
trahir	cohorte	rhéteur	rhubarbe	thé	méthode
accordé	accadé	étoffe	griffe	village	décollé
gomme	pommade	canne	étonné	nappe	appelé
carré	barricade	bécasse	assassin	goutte	bottine
tabac	jonc	froid	bavard	étang	faubourg
fusil	coutil	galop	baptême	refus	secours
profit	avocat	époux	frileux	ils rêvent	ils voient

LETTRES NULLES.

PHRASES.

U ne com plain te, de la tein tu re, un man- teau, la trom pe rie, u ne fi gue, l'hu meur, u ne tra hi son, de la sym pa thie, un rhu- me; de l'eau, le thé â- tre, u ne co mmo de, le dra peau.

Un é cri vain o ccu- pé, u ne a ffai re per due, u ne po mme mo- lle, u ne bo nne na ppe, l'a rri vée de l'a ssa ssin, u ne gou tte de pluie, le froid de la nuit, le ca- nard de l'é tang, la fu- reur du loup, le drap du lit, un ba ril de si rop, un pe tit dis- cours, le prix de la paix.

L'a rri vée du sol dat, après vingt ans d'ab- sen ce, a beaucoup sur- pris sa fa mi lle; on cou pe du jonc dans l'é- tang; la rhu bar be ra- fraî chit le sang.

La crainte, une fein- te, un chapeau, l'épée, la harangue, une co- hue, du thé, une ville, la canonnade, du beur- re, de la mousse, un fantassin, le régiment, le fusil.

Un banc commode, un étang poissonneux, une coiffe de mousse- line, le lit de la li- notte, le faubourg de la ville, la voie du malheu- reux, l'étoffe du drap, e broc du marchand, un secours opportun, la pommade du coif- feur, l'affaire difficile, le nid de la pie.

Vois donc, ma bon- ne, je me suis donné un coup si fort que le sang coule. — Tant pis: vous n'êtes jamais obéis- sant. — Ma bonne, ne le dis pas, je t'en prie.

TABLEAU SUPPLÉMENTAIRE.

LETTRES.	MOTS.
a est NUL dans... août	aoriste, taon, Saône, aoûteron.
e NUL dans... a sseoir	Jean, surseoir, Jeanne.
o NUL dans... faon	Laon, paon.
k (ca) POUR c alkali	moka, nankin, kiosque.
W (double v) POUR OU faible wisk	wiski.
e POUR a fe mme	solennité, prudemment.
ai POUR é ai mable	aigu, je serai, j'aurai.
ez POUR é ve nez	nez, assez, lisez, étudiez.
er POUR é co cher	boucher, manger, arracher.
œ POUR é fœ tus	œdème, œsophage.
eu POUR u il a eu	j'eus, tu eus, il eut, ils eurent.
u POUR ou a quat i que	équateur, quatuor.
en POUR in eu ro pé en	mentor, vendéen, benjoin.
um POUR om al bum	décorum, factum, opium.
ueil POUR euille re cueil	écueil, orgueil, accueil.
ch POUR c CHO lé ra	écho, chœur, choriste.
x POUR s soi xan te	soixante, Auxe.
x POUR z deu xiè me	dixaine, sixième.
gn POUR gn ag nus	ignition, regnicole.

TABLEAU SUPPLÉMENTAIRE.

PHRASES.

C'est au mois d'*a*oût que l'on fait la moisson. Le *k*ilomètre vaut mille mètres. Le cheval hennit. J'aime le café mo*k*a. On aime à porter un pantalon de nan*k*in au mois d'*a*oût. Cherchez et vous trouverez. Un *œ*dème est une tumeur molle. Nous e*û*mes envie de demander à cou*ch*er dans cet hôtel. L'é*qua*teur coupe la terre en deux parties égales. L'opi*um* fait dormir. Faites bon ac*cueil* à tout le monde. Fuyez l'or*gueil*. Entendez-vous l'*écho* de la montagne? Six fois dix font soi*x*ante. L'homme fut créé le si*x*ième jour. Pratiquez la vertu ; soyez religieux. Nous sommes tous frères en Jésus-Christ.

La Sa*ô*ne est une rivière de France. Le *ta*on est une grosse mouche. Surseoir, c'est ajourner. Le faon est le petit d'une biche. Les *K*almou*k*s habitent la grande Tartarie. Les villes de Pé*k*in et de Nan*k*in sont en Chine. Agis*sez* prude*mm*ent. Soyez aimables. Ador*ez* Dieu ; aimez et respect*ez* vos parents. L'*œ*sophage est le canal qui conduit de la bouche à l'estomac. Les *qua*drupèdes ont quatre pieds. Suiv*ez* les conseils d'un sage men*tor*. Le For*um* était une place publique à Rome. Le *ch*oléra a reparu dernièrement dans plusieurs villes du midi de la France. Le ben*j*oin est une résine aromatique.

LIAISON DES MOTS. — PONCTUATION.
— ABRÉVIATIONS.

LIAISONS DES MOTS.

LISEZ : tabac à fumer COMME S'IL Y AVAIT taba cà fumer.

soif ardente	————————	soi fardente.
total exacte	————————	to ta lexacte.
mon ami	————————	mo nami.
trop étroit	————————	tro pétroit.
petit enfant	————————	peti tenfant.
vous écrivez	————————	vou zécrivez.
deux heures	————————	deu zheures.

PONCTUATION.

, Virgule. (*Un, deux, trois, quatre*).
. Point. (*Respectez la vieillesse*)
: Deux points.
; Point-virgule.
? Point interrogatif (*Pourquoi ?*)
! Point exclamatif. (*Hélas !*)
....Points suspensifs. (*Si j'osais...!*)
' Apostrophe. (*L'amitié.*)

'' Tréma. (*Cet enfant est naïf.*)
- Trait-d'union. (*Le beau-père.*)
— Tiret. (*Fais-le—Je le ferai.*)
«»Guillemets. (« *Adieu, lui dit-il.* »)
§ Paragraphe (§ 1er.)
() Parenthèses.
[] Crochets.
* Astérisque.

ABRÉVIATIONS.

Mr.M. *Monsieur.*	S. M. *Sa Majesté.*	7bre *Septembre.*
MM. *Messieurs.*	S. A. R. *Son Altesse Royale.*	8bre *Octobre.*
Mme *Madame.*	Dem. *Demeurant.*	9bre *Novembre.*
Mlle *Mademoiselle.*	Dépt *Département.*	Xbre *Décembre.*
Me *Maître.*	C. A. D. *C'est-à-dire.*	No *Numéro.*
Md *Marchand.*	N. B. *Nota bene.* (Remarquer.)	1er *Premier.*
Le Sr *Le Sieur.*	P. S. *Post-scriptum.* (Ecrit après)	2e *Deuxième.*
Ve *Veuve.*	Ex. *Exemple.*	Der *Dernier.*

LIAISON DES MOTS. — PONCTUATION. ABRÉVIATIONS.

Liaison des mots.

Il est très-difficile de préciser les cas où l'on doit lier les mots entre eux. La règle la plus générale est celle-ci : LE PLUS LÉGER REPOS ENTRE DEUX MOTS DISPENSE DE LES LIER. C'est pour cela qu'on fera la liaison dans *du tabac à fumer*, et qu'on ne la fera pas dans « Un faible *estomac* a besoin de beaucoup de ménagements. »

Faites la liaison dans « Un franc é'ourdi, un grand homme, un chef intrépide, un joug insupportable, un vain espoir, il est trop étourdi, un léger obstacle, il plaît à tout le monde. » Ne faites pas la liaison dans « Ce banc est trop élevé, il est sourd et muet, un faubourg incendié, il est vain à l'excès, un loup affamé, il est léger à la course. » — Remarquez que le *d* final a souvent la valeur du *t* : *Grand homme*; le *f*, celle du *v* : *neuf ans*; le *g*, celle du *c* : *un rang honorable*; le *s* et le *x*, celle du *z* : *deux enfants attentifs*.

Ponctuation.

La *Ponctuation* sert à indiquer par des *signes*, les repos de la voix quand on lit, comme aussi elle sert à distinguer les parties d'une même phrase et les phrases entre elles. — La *virgule* (,) indique le plus léger repos. Le *point-virgule* (;) marque une pause plus forte que la virgule. — Les *deux-points* (:) marquent un repos encore plus considérable que le point-virgule; enfin le point (.) indique la plus forte de toutes les pauses. — Le point *simple* se met à la fin de toutes les phrases complètes. Le point *interrogatif* (?) se met à la fin d'une phrase interrogative : « Savez-vous lire couramment ? » Le point *exclamatif* (!) se met à la fin d'une exclamation : « O mon fils! O ma joie ! O l'espoir de mes vieux jours! »

Les autres signes sont l'*apostrophe* ('), le *tréma* (··), le *trait-d'union* (-), le *tiret* (—), les *parenthèses* ( ) et les *guillemets* (»»).

Abréviations.

M. Lenoir dit : « MM , j'ai rencontré Mme Duclos avec Mlle sa fille, elles se rendaient chez Me Delahaye, avocat, à l'effet de se plaindre du Sr Lebrun, Md drapier, et de Mme Ve Lebrun, sa belle-sœur. Sur ces entrefaites, S. M. vint à passer avec S. A. R. ; on venait d'arrêter, je ne sais trop pourquoi, le Sr Saujon, dcmt à Chartres, dépt d'Eure-et-Loir, c.-à-d. qu'on avait saisi sur lui une lettre datée du mois de 7bre, d'8bre, ou de 9bre, et au bas de laquelle il y avait un *N. B.* par forme de *P. S.*, qui parlait d'un complot. Cet individu dit qu'il demeurait rue de l'Oursine, No 93, non pas au 1er étage, ni au 2e, ni au 3e, mais au der. Vous pensez bien, MM., que je ne songeai plus guères alors à Mme Duclos, à Mlle sa fille, à Me Delahaye, au Sr Lebrun, ni à la Ve Lebrun ; j'étais trop occupé de S. M., de S. A. R. et du Sr Saujon. »

LECTURE COURANTE.

Des vertus et des vices.

La VERTU nous porte à faire le bien et à éviter le mal. — Le VICE est l'ennemi de la vertu.

La sources de toutes les vertus, c'est la JUSTICE. — Elle nous apprend à faire pour les autres ce que nous voudrions qu'ils fissent pour nous-mêmes. Toute action contraire à ce précepte est une *Injustice*.

L'AMOUR DU TRAVAIL assure à l'homme mille moyens d'être heureux. — Le travail est le gardien des vertus ; car, tandis que nous travaillons, nous ne contractons pas de mauvaises habitudes. L'*Oisiveté*, au contraire, est la mère de tous les vices, car l'homme qui ne fait rien apprend ordinairement à mal faire.

La MODESTIE consiste à ne point être fier de ses talents ou de ses vertus. — Au contraire, l'ORGUEIL est une opinion avantageuse de soi-même, accompagnée de mépris pour les autres. La modestie fait briller les talents ; l'orgueil, partage des sots, rend ceux-ci insupportables aux autres hommes.

La BONNE FOI est l'attachement inviolable à garder notre parole : elle nous impose le devoir de ne jamais tromper personne. La bonne foi est la compagnie de la *Sincérité*. — Celui qui parle contre la vérité et contre sa conscience fait un *Mensonge*.

On appelle *Tempérance* la modération en toutes choses, et *Sobriété* la modération dans l'usage du boire et du manger. La sobriété entretient la santé et nous préserve des excès de l'*Intempérance*. — Celle-ci trouble la raison, abrutit l'esprit, détourne l'ouvrier de son travail, le marchand de son commerce, provoque les querelles, et conduit bien des hommes à l'hôpital.

La DOUCEUR nous fait aimer de nos semblables ; la *Colère* et la *Méchanceté* font qu'ils nous craignent et nous évitent.

LECTURE COURANTE.

———◆◆———

Règlement de conduite.

Croyons en Dieu ; que notre piété soit sincère et ferme. — Honorons notre père et notre mère ; respectons nos maîtres, nos bienfaiteurs et les vieillards. — Soyons toujours prêts à secourir nos semblables : vivons avec eux dans l'union, et dans la charité. Montrons-nous humains et généreux. — Taisons nos bienfaits ; ne les reprochons jamais. — Que l'honneur nous guide dans toutes nos actions. — Ne trompons jamais personne ; disons toujours la vérité ; soyons fidèles à notre parole. — Pardonnons facilement ; soyons discrets ; que le mérite, la richesse ou le bonheur des autres n'excite jamais chez nous une indigne envie. N'ayons point d'orgueil, ne nous louons jamais nous-mêmes. — Soyons modeste dans la prospérité ; supportons l'adversité avec courage, avec constance, avec résignation. — Ne faisons souffrir personne de nos peines. Montrons-nous indulgents pour tous les défauts d'autrui. — Ne méprisons personne. Ne parlons jamais mal des personnes absentes ; soyons prudents avec celles devant lesquelles nous nous trouvons. — Recevons les conseils avec reconnaissance. — Ne mettons point de précipitation dans nos jugements. — Ne perdons point le temps à des choses frivoles. — Parlons peu, pensons bien, gardons nos secrets. — Choisissons nos amis, recherchons la société des honnêtes gens. — Ayons des mœurs régulières et pures ; soyons sobres ; gardons-nous de la passion du jeu ; immolons nos plaisirs à nos devoirs ; sachons borner nos désirs.

C'est dans l'adversité qu'on voit le mieux ce que chacun a de *vertu*, car les occasions ne rendent pas l'homme fragile, mais elles montrent ce qu'il est. — Ayons donc horreur du mal et attachons-nous constamment au bien, car les vertus ne s'acquièrent qu'avec beaucoup de soins et des efforts constants.

LECTURE COURANTE.

Devoirs communs à toutes les professions.

Le *travail*, dirigé par l'intelligence, porte l'abondance dans chaque famille. L'*économie* conserve ce que le travail a produit.—Le bon *emploi du temps* et des *forces* multiplie ses moyens et en accroît la puissance. — La *tempérance* qui conserve la santé, ajoute de nouvelles forces et des ressources toujours nouvelles. Ainsi, l'homme industrieux et sage devient l'artisan de sa propre fortune. Heureux et tranquille, il élève sa famille, et, par son activité, il contribue à l'ordre et au bonheur de la société, qui ne subsiste en paix que par le *travail*, l'*industrie* et la pratique de toutes les *vertus*.

Bientôt vous sortirez de l'enfance et vous devrez choisir un état, puisque, comme vous venez de le voir, le travail est la condition nécessaire de l'homme. Oui, mes amis, c'est le travail qui assure à l'homme sa subsistance de tous les jours et prépare le repos de sa vieillesse. C'est le travail qui éloigne la pauvreté ; c'est par lui que les enfants, grandissant à l'abri des vices et de la misère, deviennent, à leur tour, des citoyens utiles ; c'est le travail enfin qui nous procure l'aisance, la considération, la protection des lois et la plus noble indépendance. Que l'homme honore donc sa profession par la *vertu*, dans quelque état que la Providence l'ait placé.

Tous les états sont honorables, s'ils sont utiles : tout homme sera honoré s'il est vertueux, et la vertu devient une récompense, parce que l'artisan laborieux, frugal, économe et fidèle, ne peut manquer de prospérer et de réussir dans ses entreprises. En un mot, étudiez soigneusement ce qui a rapport à votre profession, et vous deviendrez habiles ; soyez laborieux et économes et vous deviendrez riches ; évitez les excès de l'intempérance et vous conserverez votre santé ; pratiquez toujours la vertu et vous serez heureux.

LECTURE COURANTE.

Du choix d'un état.

Si vous êtes maîtres de choisir un état, choisissez-le de bonne heure ; tâchez surtout de prendre une profession qui se rapporte aux besoins réels de la société, et qui, après un apprentissage également utile et nécessaire, vous laisse maîtres de votre industrie. — L'agriculture, les manufactures, les arts mécaniques, voilà autant qu'il est possible, ce qui doit, en général, fixer votre choix. Cependant l'ordre même de la société exige que toutes les professions, qui ne sont par elles-mêmes, ni dangereuses pour les mœurs, ni déshonorantes, soient remplies. — Un serviteur sage, laborieux, fidèle, attaché à ses maîtres, sera toujours un homme justement considéré. Il devient, en quelque sorte, membre de la famille au service de laquelle il s'est consacré.

Mais, quelle que soit votre profession, n'oubliez pas que la jeunesse est le seul temps où vous puissiez, par des habitudes régulières, vous préparer l'aisance pour l'avenir. Songez à devenir un jour votre propre maître, car le bien plus cher, c'est l'indépendance. Choisissez donc, avant toutes choses, un état qui, tout en assurant votre existence personnelle, vous assure également cette indépendance de position qui n'a de limites que celles qu'ont posées les lois protectrices de l'ordre social.

Une erreur trop fréquente et bien déplorable, c'est celle que commet un enfant qui, rougissant de la profession de son père, veut en embrasser une plus *distinguée*. Il a eu le bonheur d'acquérir, dans les écoles publiques, quelques connaissances dont son amour-propre s'enorgueillit. Il se croit un *savant*, et il dédaigne les professions manuelles. Il ne sait pas quels dégoûts, quelles humiliations l'attendent. Mes bons amis, héritez de la profession de vos parents ; elle vous donnera le bonheur, peut-être même de la gloire.

LECTURE COURANTE.

De l'esprit de conduite dans son état.

Quel que soit votre état, s'il est honorable, s'il suffit à votre existence, sachez le conserver. Attachez-vous à bien connaître tous les détails et tout l'ensemble de votre profession : l'habitude vous les rendra chaque jour plus faciles.

L'emploi du temps est toute votre richesse. Employez donc votre temps avec zèle, discernement et prudence. Occupez-vous sérieusement de ce que vous avez à faire. N'ayez jamais dans l'esprit qu'une seule chose, celle dont vous êtes occupés. Le Sage a dit : « *Faites ce que vous faites,* » c'est-à-dire, portez toute votre attention sur la seule chose que vous devez faire. Chaque chose a son temps.

Craignez toute *dépense* inutile ou frivole. Ne dépensez que les deux tiers de ce que vous recevrez, et placez l'autre tiers dans la *Caisse d'épargne.* Ne faites jamais de *dettes :* les dettes sont l'esclavage le plus dur qu'un homme puisse subir : elles ne conduisent qu'à la misère.

Si, par votre esprit d'ordre et d'économie, vous acquérez du *crédit,* ne vous livrez point à des entreprises au-dessus de vos forces. Payez régulièrement aux échéances tout ce que vous aurez acheté : c'est le seul moyen d'obtenir la confiance.

Ecrivez toujours vos recettes et vos dépenses.—Que toutes les heures destinées au travail ne soient employées qu'au travail ; que les heures de repos soient consacrées au repos. Mais gardez-vous de prendre des parties de débauche pour du repos ; gardez-vous surtout d'y consommer votre gain, et de perdre dans l'ivresse la raison et les forces qui vous sont nécessaires pour le travail.

On croit que la *probité* consiste uniquement à ne pas voler l'argent dans la poche des autres : celui qui trompe sur le poids, sur la mesure, sur la qualité, sur le prix de sa marchandise, celui-là n'est point un honnête homme : c'est véritablement un voleur.

LECTURE COURANTE.

Premières connaissances.

De la Parole. — La *parole* se manifeste par des *sons*. — Le *son* est le bruit que frappe nos oreilles quand on parle.— Les sons reçoivent certaines modifications exprimées par les *mouvements* qu'exécutent le gosier, le palais, la langue, les dents et les lèvres.

Prononcés seuls ou avec un mouvement, les sons forment des *syllabes*. — Une *syllabe* ou plusieurs syllabes réunies forment des *touts* que l'on appelle *mots*. Un *mot* d'une seule syllabe s'appelle *monosyllabes* (Dieu); un mot de plusieurs syllabes s'appelle *polysyllabe* (Divinité).

De l'Écriture. — Dès qu'il y eut un langage, on sentit le besoin de le représenter. A cet effet, on figura les sons et les mouvements au moyen de caractères appelés *lettres* : l'écriture est donc la représentation des mots au moyen de lettres.

De la Lecture. — En même temps qu'on apprenait à tracer des lettres, on en apprenait nécessairement la valeur. On désigne cette dernière connaissance sous le nom de *lecture*.— L'écriture et la lecture sont comme la clé des arts et des sciences : l'homme qui ne sait ni lire ni écrire ne vit qu'à demi.

De la Grammaire. — La *Grammaire* est une science qui nous enseigne à exprimer nos pensées au moyen de la parole ou de l'écriture, conformément au meilleur usage. On appelle encore *grammaire* la réunion de toutes les règles du langage.

Maintenant que vous savez lire et écrire, il faut que vous appreniez la grammaire. La partie de la grammaire qui renferme les règles du *langage* s'appelle *orthologie* ; on appelle *orthographie* l'art d'écrire correctement. Si le même signe avait toujours la même valeur, si deux signes différents ne servaient point souvent à représenter la même chose, vous sauriez bientôt l'orthographie : malheureusement il n'en est point encore ainsi.

LECTURE COURANTE.

Premières connaissances.

On appelle JOUR l'espace de temps qui s'écoule depuis le lever apparent du soleil jusqu'à son coucher. — On appelle NUIT l'espace de temps qui s'écoule depuis le coucher apparent du soleil jusqu'à son lever.

DIVISIONS DU JOUR. — Le jour se divise en vingt-quatre parties égales que l'on appelle *heures* : il faut donc vingt-quatre heures pour un jour. — L'heure se divise à son tour en soixante parties égales, que l'on appelle *minutes* : il faut donc soixante minutes pour une heure. Enfin la minute se divise en soixante parties égales que l'on appelle *secondes* : il faut donc soixante secondes pour une minute. — Le balancier de certaines horloges marque les secondes à chaque coup.

DE LA SEMAINE, DU MOIS ET DE L'ANNÉE. — Une semaine est un espace de *sept jours*. En voici les noms : *lundi, mardi, mercredi, jeudi, vendredi, samedi* et *dimanche*.

Un mois est, en général, un espace de *trente jours*. — Il y a *douze* mois : *janvier, février, mars, avril, mai, juin, juillet, août, septembre, octobre, novembre* et *décembre*.

Une année est un espace de *douze* mois, ou bien de *cinquante-deux* semaines, ou bien encore de *trois cent soixante-cinq* jours. Cent ans forment un *siècle*.

Le plus long jour de l'année est le 23 ou le 24 juin ; le plus court est le 21 ou le 22 décembre.

On divise l'année en quatre parties, que l'on appelle *saisons*. Il y a donc quatre saisons : le *printemps*, l'*été*, l'*automne* et l'*hiver*. Chaque saison dure trois mois. — Le printemps commence du 20 au 21 mars ; l'été, du 20 au 21 juin ; l'automne, du 21 au 22 septembre, et l'hiver, du 20 au 21 décembre.

LECTURE COURANTE.

Premières connaissances.

Le CIEL est cette partie de l'univers qui paraît s'étendre au-dessus de nos têtes, et dans laquelle sont placés tous les corps célestes.

Le SOLEIL éclaire le monde ; il est la source de la chaleur ; il fait germer ; il mûrit les fruits de la terre. Le soleil semble parcourir une partie du ciel pendant le jour ; cependant il reste toujours fixe à la même place ; seulement il tourne sur lui-même dans l'espace de vingt-cinq jours et demi.

Les ÉTOILES sont ces petits flambeaux qui brillent au-dessus de nos têtes. Elles ne semblent si petites qu'à cause de leur prodigieux éloignement de la terre. Il y a des étoiles *fixes* et des étoiles *mouvantes* : les étoiles mouvantes sont appelées *planètes*.

Les étoiles fixes sont des corps lumineux qui restent toujours à la même distance de la terre, et qui gardent toujours entre eux la même position. Les *planètes* au contraire changent continuellement de position, en tournant autour du soleil. Elles ne brillent que par la lumière qu'elles reçoivent de cet astre.

La LUNE est une planète qui ne nous éclaire qu'en nous renvoyant la lumière du soleil. La marche de la lune est assez remarquable. Elle tourne autour de la terre en vingt-sept jours, sept heures, quarante-trois minutes ; elle tourne aussi sur elle-même dans un égal espace de temps, et elle suit le mouvement du soleil. — Il faut encore remarquer les différentes *phases* de la lune, c'est-à-dire les différentes formes sous lesquelles elle se présente à nous. Elle paraît tantôt ronde, tantôt sous la forme d'un croissant, tantôt enfin nous ne la voyons plus du tout. — *Nouvelle lune* ● côté invisible ; — *premier quartier* ☽ ; *pleine lune* ○ ; *dernier quartier* ☾.

LECTURE COURANTE.

Premières connaissances.

TERRE. — Nous avons vu que la terre tourne autour du soleil ; en même temps, elle tourne sur elle-même. Ce dernier mouvement s'opère en vingt-quatre heures : celui que la terre fait autour du soleil s'opère dans l'espace de 365 jours, ou d'une année.

POINTS CARDINAUX. — Comme il a fallu fixer la position des astres et des planètes, on a supposé quatre points principaux placés de manière à figurer les quatre coins du monde. On les a appelés *points cardinaux*. Quand nous nous tournons vers le *sud*, ou *midi*, nous avons l'*est*, ou *levant*, à notre gauche ; l'*ouest*, ou *couchant*, à notre droite ; le *septentrion*, ou *nord*, derrière nous.

ATMOSPHÈRE. — L'atmosphère est une vaste couche d'air qui entoure la terre. C'est là que se forment les *nuages*, la *pluie*, la *neige*, la *grêle*, les *vents*, les *éclairs* et le *tonnerre*.

NUAGES. — Le soleil, par sa chaleur, change l'eau en vapeurs qui se mêlent dans l'air à d'autres exhalaisons de la terre : ce mélange forme les *nuages*. — PLUIE. — A mesure que le soleil attire les vapeurs dans l'air, ces vapeurs s'épaississent. Les petites parties d'eau qui les composent se rapprochent, se resserrent, deviennent plus lourdes. Elles tombent alors en gouttes d'eau, ou bien elles descendent sur la terre en brouillards ou en rosée. — NEIGE. — S'il fait froid, les vapeurs se changent en petits flocons blancs auxquels on a donné le nom de *neige*. — GRÊLE. — Si le froid est très-vif, les gouttes d'eau se changent en petits morceaux de glace : c'est de la *grêle*. — VENT. — Le vent n'est autre chose que l'air mis en état d'agitation. Le vent est plus ou moins froid, selon qu'il vient du nord ou du midi. — ECLAIR. — L'éclair est cette lumière vive qui précède le bruit du tonnerre. — TONNERRE. — On appelle ainsi l'explosion subite d'une certaine matière appelée *fluide électrique*.

LECTURE COURANTE.

Premières connaissances.

De la Géographie. — La *géographie* est la description de la terre. — La **Terre** se divise en cinq parties : — l'*Europe*, l'*Asie*, l'*Afrique*, l'*Amérique* et l'*Océanie*.

Continent. — Un *continent*, qu'on appelle aussi *terre ferme*, est une grande portion de terre qui comprend plusieurs pays qui se touchent.

Mer. — Une *mer* est une immense étendue d'eau amère et salée.

Ile. — C'est une portion de terre entièrement environnée d'eau.

Presqu'ile. — C'est une portion de terre presqu'entièrement entourée d'eau.

Isthme (prononcez *Isme.)* — C'est une langue de terre qui unit une presqu'île à la terre ferme.

Cap. — Un *cap* est une partie de terre élevée qui s'avance dans la mer.

Côte. — Une *côte* est cette partie de la terre qui est baignée par la mer.

Montagne. — C'est une grande masse de terre ou de roche qui s'élève sur la surface du globe.

Archipel. — C'est une étendue de mer entrecoupée d'îles.

Golfe. — C'est une quantité d'eau qui entre dans un pays et qui s'y arrête sans perdre communication avec la mer.

Rade. — C'est un endroit où les vaisseaux sont à l'abri du vent.

Détroit. — C'est une portion de mer resserrée entre deux terres.

Lac. — C'est une grande étendue d'eau douce et dormante qui ne tarit jamais, et qui n'a aucune communication apparente avec la mer.

Rivière. — C'est une eau de source qui coule toujours jusqu'à ce qu'elle se jette dans une autre rivière ou dans la mer. On donne le nom de *fleuve* à une rivière qui va directement se jeter dans la mer.

LECTURE COURANTE.

Premières connaissances.

Des cinq parties du monde. 1o — L'Europe est la moins grande des cinq parties du monde, mais elle est la plus considérable tant par le nombre de ses habitants que parce qu'elle est le centre des lumières, des arts, de la civilisation et du commerce. Elle a 1,100 lieues dans sa plus grande longueur, et 900 lieues dans sa plus grande largeur. Sa population est de 160 millions d'habitants.

2o — L'ASIE a environ 2,400 lieues de l'est à l'ouest, et 1,950 lieues du nord au sud. Sa population est de 580 millions d'habitants.

3o — L'AFRIQUE a environ 1,700 lieues du nord au sud, et 1,650 de l'est à l'ouest.

4o — L'AMÉRIQUE semble avoir été divisée par la nature en deux parties, l'une septentrionale et l'autre méridionale. Son étendue est de 3,400 lieues du nord au sud ; sa largeur est de 850 lieues dans la partie septentrionale, et de 900 dans la partie méridionale.

5o — L'OCÉANIE est composée de la *Nouvelle-Hollande,* qui est une île presqu'aussi grande que l'Europe, et de quelques îles plus petites que l'Archipel d'Asie et de la mer du Sud. C'est dans l'Océanie, à Botany-Bey, que les Anglais déportent leurs condamnés.

Je ne puis pas entrer ici dans de plus grands détails en ce qui concerne les cinq parties du monde : je me bornerai à vous dire quelques mots de la France, pays que vous devez connaître avant tout autre.

La France a environ 220 lieues du nord au sud, et 200 lieues de l'est à l'ouest. Elle est bornée au nord par la *Manche ;* à l'ouest, par l'*Océan atlantique ;* au sud, par la *Méditerranée ;* à l'est, par les Alpes, le Jura et le Rhin. Elle est divisée en 86 *départements :* chaque département en *arrondissements* de sous-préfectures, les arrondissements en *cantons*, et les cantons en *communes.* Sa population est d'environ 33 millions d'habitants. — Paris est la capitale de la France.

LECTURE COURANTE

Premières connaissances.

De l'Arithmétique. — L'*Arithmétique* est la science des nombres et du calcul. Le *nombre* est la réunion de plusieurs unités de même espèce. Ainsi *huit* (8) est un nombre, parce qu'il est composé de huit fois une chose. — Les nombres *abstraits* sont ceux qui ne s'appliquent à aucune espèce de chose déterminée, 6, 9, 25; espèce de chose connue, comme 6 chevaux, 9 moutons, 25 poules.

Pour représenter les nombres, on a imaginé des caractères appelés *chiffres*. Ces chiffres sont 0, 1, 2, 3, 4, 5, 6, 7, 8, 9. — Ces dix unités font une *dixaine*; dix dixaines font une *centaine*; dix centaines font un *mille*, etc.

Les opérations fondamentales de l'arithmétique sont l'*addition*, la *soustraction*, la *multiplication* et la *division*.

Du Dessin. Le *Dessin* est l'art de représenter avec le crayon la forme d'un corps quelconque, comme une *maison*, un *arbre*, ou même une *personne*. Autrefois on commençait l'étude du dessin ombré par les détails : on dessinait un nez, une bouche, des yeux, des oreilles, puis une tête ; on dessinait ensuite d'après la *bosse*, c'est-à-dire d'après des figures en plâtre. Aujourd'hui c'est tout le contraire : on commence par imiter les contours de certaines figures en plâtre de façon que d'un ovale on arrive peu à peu à une figure complète : les élèves font par ce moyen des progrès rapides.

De la Musique. — La *musique* est une science qui traite des rapports et de l'accord des sons. C'est une étude aussi agréable qu'utile. On commence par apprendre à *lire* la musique, puis on exécute de petits morceaux, puis des morceaux de plus longue haleine. Un morceau que l'on chante seul s'appelle *solo* ; on appelle *duo* un morceau à deux voix, *trio* un morceau à trois voix, *quatuor* à quatre voix.

LECTURE COURANTE.

Premières connaissances.

De l'Agriculture. — L'*Agriculture* est l'art de cultiver la terre et de la faire fructifier. Il faut que le laboureur puisse juger, au premier coup-d'œil, par l'exposition et la couleur des terres, quelle en est la propriété ; il faut qu'il sache comment la terre doit être préparée, qu'il entende parfaitement la culture et les règles à observer pour donner les labours nécessaires, pour semer à propos et connaître les qualités du bon blé et des autres grains. Il faut encore que l'agriculteur soit versé dans ce qui regarde la vigne, les prés, les bois, la plantation et la taille des arbres ; qu'il sache tout ce qui intéresse les bestiaux ; qu'il connaisse leur nourriture favorite, les maladies auxquelles ils sont sujets et les remèdes propres à les guérir. Il est également indispensable qu'il se tienne au courant des progrès de l'industrie en ce qui est relatif aux instruments aratoires.

Du Commerce. — Le *Commerce* est l'art d'échanger, d'acheter et de vendre toutes sortes de marchandises, dans la vue de faire un profit légitime. Avant que les monnaies de métal ou de tout autre nature fussent inventées, le commerce consistait uniquement dans l'échange des choses nécessaires à la vie, comme cela se pratique encore aujourd'hui dans une partie de la Russie, parmi les divers peuples de l'Asie et de l'Afrique, et chez la plus grande partie de ceux de l'Amérique. Il n'y a pas de membres plus utiles à la société que les commerçants : ils unissent les hommes par un échange mutuel de services, rapprochent les nations les plus éloignées, distribuent dans l'univers les dons de la nature, occupent les pauvres et augmentent les biens des riches.

Un commerçant doit savoir bien calculer, connaître la tenue des livres, la géographie, les poids, les mesures et les monnaies ; il doit parler plusieurs langues, et avoir étudié les lois et les coutumes des pays dans lesquels il a des relations.

LECTURE COURANTE.

Inventions.

Sous le règne de Clovis II, c'est-à-dire vers 642, saint Landri fonda à Paris un lieu de refuge pour les pauvres et les voyageurs : c'est l'origine des *hospices*. Cet exemple pieux fut peu imité jusqu'à Louis IX, qui, au retour de là Terre-Sainte, donna une retraite à 300 de ses compagnons d'armes, auxquels les Sarrasins avaient crevé les yeux.

La première *horloge* à roues qui ait paru en France fut envoyée, vers 760, à Pepin-le-Bref, par le pape Paul 1er.

Les *chandelles* de suif furent, dans leur principe, un objet de luxe, comme l'est, de nos jours, la bougie transparente. Avant 1300 on ne s'éclairait qu'avec des éclats de bois dans les chaumières : on ne brûlait de l'huile que dans les maisons riches.

La *Pomme de terre*, apportée d'Amérique en Europe par des vaisseaux anglais, en 1586, ne fut d'abord cultivée que comme un objet de curiosité; mais, après deux siècles d'insouciance, les nations du Nord, éclairées par l'expérience, cultivèrent à l'envi ce précieux végétal. La France le dédaigna trop longtemps : un cuisinier eût cru déshonorer son maître s'il en eût servi sur sa table.

Parmentier, par ses écrits et par ses efforts soutenus de la plus active philanthropie, parvint à généraliser, en France, la culture de la pomme de terre. Il prouva qu'elle pouvait flatter les goûts les plus délicats, et qu'on pourrait la cultiver dans les terrains les plus stériles. Depuis Parmentier on a tiré de la pomme de terre de l'eau-de-vie, de la potasse, une couleur jaune, une autre grise, du papier d'emballage, etc. : c'est une véritable mine d'or.

La première *Manufacture de bas* fut établie en France, en 1656, dans le château de Madrid, au bois de Boulogne, près Paris, sous la direction d'un nommé Hindret.

LECTURE COURANTE.

Inventions.

La plus ancienne feuille de *Papier* de chiffons est de 1319. Elle a été trouvée dans les archives de Nuremberg. Cette précieuse feuille plaide en faveur de l'Allemagne, quoiqu'on ait longtemps soutenu que l'Italie a vu naître cette utile invention.

Par des gradations insensibles, des livres d'écorce ont succédé aux livres de pierre, puis on eut des livres de lames de bois enduites de cire, des livres de cuir, de parchemin, de chiffons de soie, de chiffons de coton, enfin des livres de chiffons de chanvre.

L'invention de l'*Imprimerie* eut lieu à Mayence, patrie de Jean Guttembert. Après quelques essais infructueux, cet homme imagina de graver sur des planches de bois des pages entières, que l'on imprimait ensuite autant de fois que l'on voulait : ce fut là le premier pas. C'était beaucoup, mais ce n'était pas encore assez; il fallait un travail immense pour graver ainsi un seul ouvrage, et Guttemberg voulait abréger le temps. Il mit en œuvre un nouveau moyen : il sculta en relief des lettres mobiles, ou sur bois ou sur métal. Ces lettres se se plaçaient les unes à côté des autres, enfilées par un cordon comme les grains d'un chapelet.

Ces tentatives lui réussirent peu et épuisèrent sa fortune ; il se vit obligé, en 1444, de retourner à Mayence, et de s'associer à un orfèvre appelé Fusth, qui lui fournit de l'argent. Ils admirent dans leur société un homme industrieux et éclairé, Pierre Schœffer, Allemand. — Ce fut lui qui acheva la découverte de l'imprimerie, en trouvant le secret de fondre les caractères que jusqu'alors on avait soufflés un à un.

C'est à Charlemagne que remonte l'usage de compter par *livres, sous* et *deniers.* Il avait même prescrit l'uniformité des poids et des mesures, uniformité que nous ne possédons encore qu'imparfaitement.

LECTURE COURANTE.

Inventions.

Au commencement du 17e siècle, les *fusils* furent substitués à l'arquebuse et au mousquet. Cette arme, malgré la supériorité qu'elle a sur celle qu'elle devait remplacer, ne fut cependant adoptée définitivement qu'en 1703. Louis XIV, sur l'avis du maréchal de Vauban, ordonna que les piques fussent supprimées et remplacées par des fusils armés de baïonnettes.

On avait observé la merveilleuse propriété qu'a l'aimant de communiquer à une légère aiguille la vertu de se diriger constamment vers le nord de la terre : on ne tarda pas à sentir l'usage qu'on pouvait en faire pour régler la navigation, et l'on construisit la *boussole*, cet instrument si utile et qui est devenu si commun. Cette invention procurant un moyen aussi sûr que facile de reconnaître, dans toutes les saisons et dans tous les lieux, le nord et le sud, les navigateurs ne furent pas réduits à se guider par la lumière des étoiles et par l'observation des côtes. Ils abandonnèrent la méthode lente et timide de côtoyer le rivage; ils se lancèrent hardiment en pleine mer, et sur la foi de leur nouveau guide, ils naviguèrent au milieu de la nuit la plus sombre et dans le temps le plus nébuleux, avec une sécurité et une précision dont on n'avait pas encore eu d'idée.

Le *thermomètre* est un instrument destiné à mesurer les degrés du froid ou de la chaleur. Il a été inventé, en 1660, par Corneil Dressel, hollandais.

Le *baromètre*, qui sert à mesurer la pesanteur de l'atmosphère et ses variations, est dû à Toricelli, qui avait reconnu la pesanteur de l'air. Il publia son invention en 1646, et d'autres physiciens célèbres le perfectionnèrent après lui.

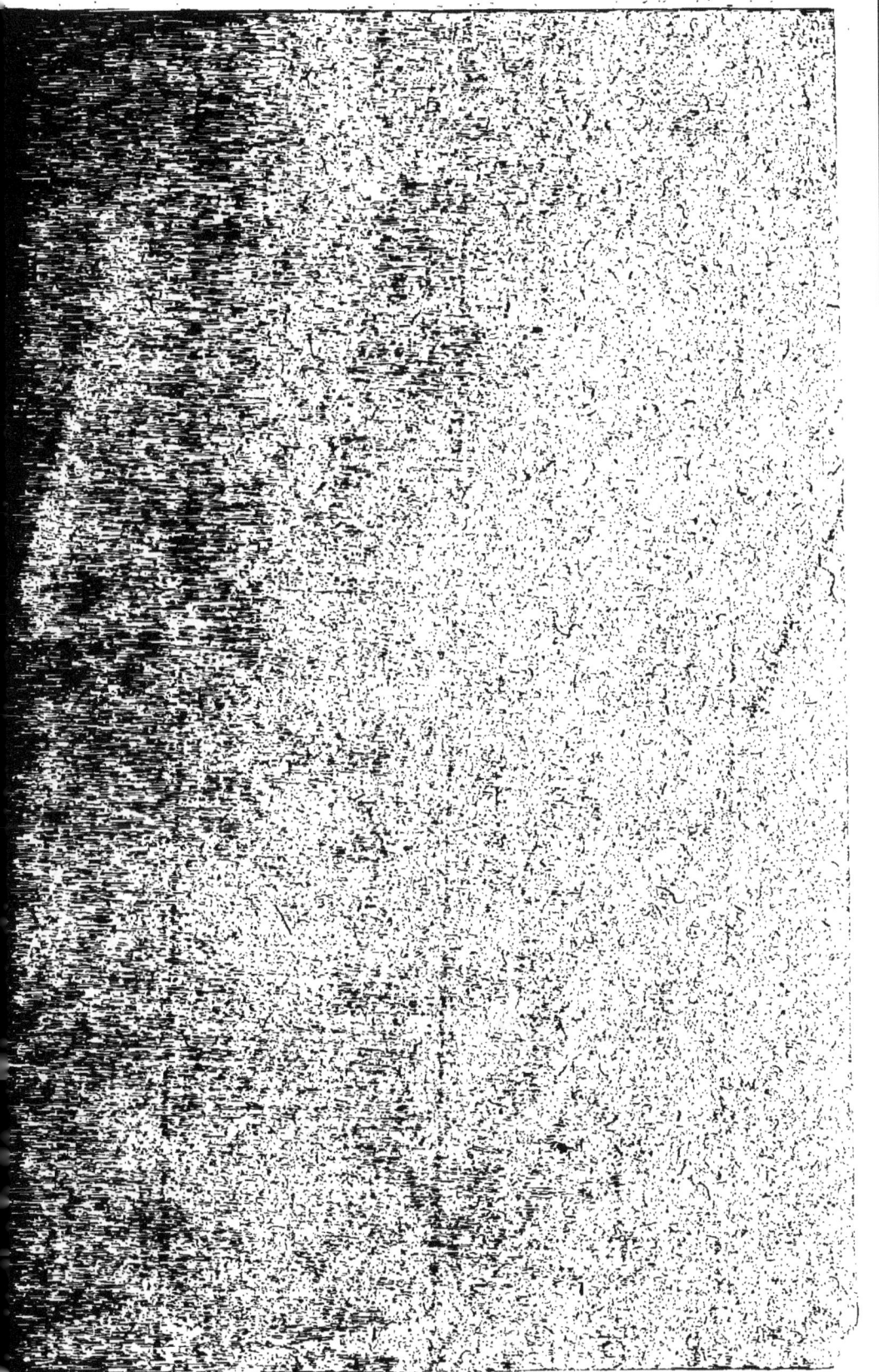

BIBLIOTHEQUE NATIONALE DE FRANCE

3 7531 03327683 4

www.ingramcontent.com/pod-product-compliance
Lightning Source LLC
Chambersburg PA
CBHW071010280326
41934CB00009B/2253